# Lustige Fingerspiele für die Kita

INGRID BIERMANN

# Lustige Fingerspiele für die Kita

Mit Illustrationen von Katja Jäger

HERDER

FREIBURG · BASEL · WIEN

www.herder.de

Umschlag- und Textillustrationen: Katja Jäger, Moers
Cover-, Gesamtgestaltung und Satz: Sabine Ufer, Leipzig
Lektorat: Julia Pirschl, Freiburg

Herstellung: PBtisk a.s., Příbram
Printed in the Czech Republic
ISBN 978-3-451-39225-2

# Vorwort

## „Im Wald in einem Zwergenhaus, da ruhen sich zehn Zwerge aus …"

Fingerspiele haben eine lange Tradition: Schon unsere Großeltern und Urgroßeltern haben die positive Wirkung von Fingerspielen gekannt und sie bewusst eingesetzt. Sie wurden und werden zur Förderung, zur Beruhigung des Kindes, zur Überbrückung von langen Wartezeiten und zum Trösten angewandt. Fingerspiele wie „Das ist der Daumen", „Wie das Fähnchen auf dem Turme" oder „Da hast 'nen Taler" sind auch heute noch sehr beliebt.

Vielleicht können auch Sie sich noch an Situationen aus der eigenen Kindheit erinnern, in denen Sie mit Fingerspielen getröstet wurden, sich entspannen konnten oder Zuneigung erfahren haben.

Im Buch finden Sie sowohl beliebte Klassiker aus den Zeiten der Großeltern sowie viele neue Spielideen für ganz verschiedene Gelegenheiten im Kita-Alltag.

Alle Impulse sind leicht umzusetzen, denn die meisten Bewegungen werden durch den Text vorgegeben. So ist dieses Buch ein abwechslungsreiches Mitmachbuch, das zu Ihrem täglichen Begleiter werden möchte.

## Mit Fingerspielen aktiv lernen

Aktives Lernen gelingt z. B. über Fingerspiele und Fingerspielgeschichten, die Spaß machen und die Mitmachfreude anregen. Die lustigen Fingerspiele für die Kita bereichern den Wortschatz, stärken die Entwicklung der Sozialkompetenz und haben auf Kinder eine sehr große emotionale Wirkung. Oft haben Fingerspiele auch im Kita-Alltag eine magische Wirkung: Sie machen aus traurigen fröhliche, aus trotzigen ausgeglichene, aus verspannten entspannte und aus unkonzentrierten konzentrierte Kinder.

Mit etwas Fantasie lädt jedes Fingerspiel zu anderen vielfältigen und interessanten Aktivitäten ein. Sie lassen sich in Geschichten, Bewegungsspiele, Körperspielgeschichten und Spiellieder verwandeln oder können sogar mit Farbe, Sand oder Rasierschaum sichtbar gemacht werden.

Mit Fingerspielen können Sie in unterschiedlichen Situationen mit einzelnen Kindern oder der Gruppe schnell in Kontakt kommen und es lassen sich Aufmerksamkeit und Nähe herstellen. Die Kinder erleben sich dabei ganz fokussiert und aktiv, lernen leicht durch das Nachahmen und Wiederholen und werden in der Sprach-, Wahrnehmungs- und Sinnesentwicklung unterstützt. Spielerisch erfahren die Kinder Relationen wie groß und klein, leicht und schwer oder auch Zusammenhänge wie die Sonne schmilzt das Eis – so werden mathematische und naturwissenschaftliche Erkenntnisse ganz einfach erlebbar. Fingerspiele fördern das gemeinsame Spiel, das konzentrierte Zuhören und die Interaktion unter den Kindern, und damit auch die Entwicklung ihrer sozialen Intelligenz.

## Tipps zur Umsetzung

Die Fingerspiele im Vorfeld auszusuchen, gut zu kennen und möglichst frei zu sprechen, fördert den Spielfluss und den Kontakt zu den Kindern. Die Worte und Verse werden besonders lebendig, wenn Sie die Inhalte mit Ihrer Gestik und Mimik und der Stimmmelodie unterstreichen.
Der jeweilige Spannungsbogen soll in einem Fingerspiel hörbar und sichtbar werden. Wenn die Worte klingen und die Bewegungen schwingen, kommen die Inhalte gut an. Ein Fingerspiel muss von allen Kindern, egal ob im Spielkreis, auf der Wiese oder beim Schlafengehen, gehört und gesehen werden. Kinder, die lebendig ins Geschehen mit einbezogen werden, hören länger und interessierter zu. Fingerspieltexte sind oft kleine Geschichten, die von Ihnen gefühlvoll, klar, deutlich und langsam vorgetragen werden. Dann kann jedes Kind die Bewegungen mitmachen und die Inhalte gut nachvollziehen.

## Fingerspiele – immer!

Ein Fingerspiel, eine Mitmachgeschichte oder ein Reim überbrücken Zeit und lassen sich sinnvoll in viele Situationen einfügen. Darum sind sie so beliebt. Sie können auf dem Spielplatz, beim Spaziergang, im Wald, im Waschraum oder im Schlafraum zum Einsatz kommen und werden dort schnell und gerne mitgespielt.

## Gemeinsam Freude haben

Dieses Buch will Sie einladen, gemeinsam mit den Kindern in die Verse und Geschichten einzutauchen und so ganz spielerisch und mit viel Freude die kindliche Sprache zu fördern.

Fröhliche Fingerspielzeiten wünscht Ihnen
Ingrid Biermann

# Inhalt

## Mit Fingern und Füßen



## Spielend durch den Tag



## Jahreszeiten-Fingerspiele



## Tierische Fingerspiele



## Klassiker

# Mit Fingern und Füßen

# Sonne, Mond und Sterne

| | |
|---|---|
| Ich hab' zehn Finger, schau einmal her, | *mit allen Fingern zappeln* |
| damit zu zaubern, ist nicht schwer. | |
| | |
| Hokuspokus, eins, zwei, drei, | *in die Hände klatschen* |
| ich zaubre Sterne schnell herbei. | *alle Finger spreizen* |
| Sie ziehen langsam und ganz sacht | *die Hände hin- und herbewegen* |
| durch die rabenschwarze Nacht. | |
| | |
| Hokuspokus, eins, zwei, drei, | *in die Hände klatschen* |
| ich zaubre einen Mond herbei. | *mit einer Hand einen Halbkreis zeigen* |
| Ganz langsam wird der Mond ganz rund, | *mit der anderen Hand einen Halbkreis zeigen und diesen an die andere Hand führen* |
| er leuchtet hell so manche Stund'. | *die Hände als Kreis hin- und herbewegen* |
| | |
| Hokuspokus, eins, zwei, drei, | *in die Hände klatschen* |
| ich zaubre noch etwas herbei. | |
| Die Sonne wärmt die schöne Welt, | *mit beiden Armen einen großen Kreis bilden* |
| den Blumen das sehr gut gefällt. | *die Hände in Gebetshaltung zusammenlegen und langsam öffnen* |
| | |
| Hokuspokus, eins, zwei, drei, | *in die Hände klatschen* |
| vorbei ist nun die Zauberei. | |
| Meine Hände geh'n nach Haus | *Hände auf den Rücken führen* |
| und das Zauberspiel ist aus. | |

# Auf einem hohen, hohen Berg

| | |
|---|---|
| Auf einen hohen, hohen Berg | *die Fingerspitzen der beiden Hände zusammenhalten und die Arme langsam hochstrecken* |
| klettert hinauf ein kleiner Zwerg. | *mit einem Zeigefinger auf einem Arm hochlaufen* |
| Er ist überall im Land<br>als Kletterzwerg bekannt. | *langsam weiterlaufen* |
| Oben auf des Berges Spitze<br>sitzt der Zwerg mit seiner Mütze. | *mit den Fingerspitzen auf den Kopf klettern* |
| Er ruht sich hier ein wenig aus,<br>schaut in die weite Welt hinaus. | *die Finger ruhig auf dem Kopf stehen lassen* |
| Nun rennt er frisch und munter<br>vom Berg wieder herunter. | *langsam den Arm wieder herunterlaufen* |
| Das hat dem Zwerg viel Spaß gemacht,<br>drum hat er sich was ausgedacht. | |
| Er rennt geschwind noch mal hinauf<br>und setzt sich auf die Spitze drauf. | *die Fingerbewegung wiederholen* |
| Rennt dann noch einmal frisch und munter<br>schnell den Weg wieder herunter. | *die Fingerbewegungen wiederholen* |
| Weil er das Spiel so gerne mag,<br>rennt er nun den ganzen Tag<br>sehr vergnügt und auch ganz munter<br>immer rauf und wieder runter. | *die Fingerbewegungen immer wiederholen* |
| Jetzt ist er müd', der Kletterzwerg,<br>er läuft langsam in den Berg. | *langsam den Arm hinunterlaufen und den Finger in die Handfläche legen* |
| Dort schläft er, bis der Tag erwacht,<br>nun tief und fest die ganze Nacht. | *Finger in der Hand still liegen lassen* |

# Ein Segelschiff schwimmt auf dem Meer

Ein Segelschiff schwimmt auf dem Meer, *eine Hand waagerecht halten, die andere aufrecht als Segel an das Handgelenk legen*

der Wind, er treibt das Schiff umher. *blasen und die Hände hin- und herbewegen*
Er bläst und bläst, der Mast bricht ab, *die aufrechte Hand umknicken und wegnehmen*

das Segelschiff ist nun ganz schlapp. *die waagerechte Hand stillhalten*
Ohne Mast kommt es nicht fort,
es schwimmt nur noch am selben Ort. *die waagerechte Hand auf der Stelle hin- und herbewegen*

Doch der Wind, er ist zur Stell',
bläst es ans Ufer, ganz, ganz schnell. *blasen und die waagerechte Hand bewegt sich vorwärts*

Das Segelschiff ist nun zu Haus',
drum ist auch die Geschichte aus. *die Hand auf den Rücken legen*

# Der Krabbelmann

Der Krabbelmann, der Krabbelmann
*mit der Hand über den Körper krabbeln*
fängt in der Früh zu krabbeln an.
Er krabbelt über Stock und Stein
in den schönen Tag hinein.

Er krabbelt froh und trifft sodann
einen andern Krabbelmann.
Nun krabbeln sie zu zwein
*die zweite Hand dazu nehmen*
über Stock und Stein.

Am Abend krabbelt jeder Mann,
so schnell wie er jetzt noch kann,
alleine dann zurück nach Haus',
*die Hände verschwinden hinter dem Rücken*
denn ihr Spaziergang ist nun aus.

# Zehn kleine Gespenster

| | |
| --- | --- |
| 10 kleine Gespenster, die sehe ich am Fenster, | *die Finger stillhalten* |
| sie zappeln ganz schnell vergnügt auf der Stell'. | *mit den Fingern auf der Stelle zappeln* |
| 10 kleine Gespenster, die sehe ich am Fenster, | *die Finger stillhalten* |
| sie laufen ganz schnell vergnügt auf der Stell'. | *mit den Fingern hin- und herlaufen* |
| 10 kleine Gespenster, die sehe ich am Fenster, | *die Finger stillhalten* |
| sie springen ganz schnell vergnügt auf der Stell'. | *Finger rauf- und runterbewegen* |
| 10 kleine Gespenster, die sehe ich am Fenster, | *die Finger stillhalten* |
| sie tanzen ganz schnell vergnügt auf der Stell'. | *Finger im Kreis bewegen* |
| 10 kleine Gespenster, die sehe ich am Fenster, | *die Finger stillhalten* |
| komm' ich an den Ort, dann husch sind sie fort. | *Hände auf den Rücken legen* |

# Das ist der Klaus

| | |
|---|---|
| Das ist der Klaus,<br>der will nach Haus. | *den Daumen anfassen* |
| Das ist die Petra,<br>die kommt heute später. | *den Zeigefinger anfassen* |
| Das ist der Franz,<br>der geht heut' zum Tanz. | *den Mittelfinger anfassen* |
| Das ist die Lilly,<br>die isst gerne Chili. | *den Ringfinger anfassen* |
| Und das ist Pit,<br>der ist immer fit. | *den kleinen Finger anfassen* |
| Die fünf Freunde, die laufen nach Haus'<br>und nun ist die Geschichte aus. | *die Finger bewegen und auf den Rücken legen* |

# Ja, so fährt die Bimmelbahn

Ja, so fährt die Bimmelbahn,
sie kommt langsam heut' voran.
Sie fährt immer nur bergab,
sie schnauft und ist ein wenig schlapp.

*während der ersten Strophe die Hand langsam von der Schulter runter bis zu den Füßen bewegen*

Sie fährt in den Bahnhof ein,
die Fahrt soll nun zu Ende sein.

*die Faust langsam über den Boden ziehen*
*die Faust bleibt still auf dem Boden liegen*

Schau, so fährt die Straßenbahn,
sie kommt schneller heut' voran.
Sie fährt immer nur bergab,
sie schnauft nicht und macht nicht schlapp.

*in der zweiten Strophe die Hand schneller von der Schulter runter zu den Füßen bewegen*

Sie fährt in den Bahnhof ein,
die Fahrt soll nun zu Ende sein.

*die Faust schnell über den Boden ziehen*
*die Faust bleibt auf dem Boden liegen*

# Im Wald in einem Zwergenhaus

| | |
|---|---|
| Im Wald in einem Zwergenhaus | *die Fingerspitzen der Hände zusammenlegen und ein Dach bilden* |
| da ruhen sich 10 Zwerge aus. | *die Hände auf die Oberschenkel legen* |
| Morgens wenn der Tag sie weckt<br>und ein jeder Zwerg sich reckt, | *alle Finger bewegen* |
| laufen sie und das macht Spaß<br>barfuß durch das feuchte Gras. | *mit den Fingern hin- und herlaufen* |
| Hin und her und rauf und runter, | *schnell mit den Fingern hin- und her- und rauf- und runterlaufen* |
| so macht sich jeder Zwerg ganz munter. | |
| Recken, strecken, schaut euch an,<br>wie gut das jeder Zwerg so kann. | *die Finger bewusst recken und strecken* |
| Jetzt gehen sie gemeinsam suchen,<br>Beeren für den Sonntagskuchen. | *mit den Fingern hin- und herlaufen* |
| Nun noch auf den Baum geschwind,<br>weil dort viele Äpfel sind. | *mit den Fingern auf den Kopf laufen* |
| So, nun laufen sie nach Haus', | *mit den Fingern vom Kopf laufen* |
| denn das schöne Spiel ist aus. | *die Hände auf die Oberschenkel legen* |

# Fünf Wichtelinen laufen in den Wald

Fünf Wichtelinen laufen in den Wald, *die Finger einer Hand zeigen*
dort ist es warm und gar nicht kalt.

Die erste trägt heut' keine Mütze, *Daumen zeigen*
sie springt vergnügt in jede Pfütze.

Die zweite hat Pantoffeln an, *den Zeigefinger zeigen*
mit denen sie schnell laufen kann.

Der dritten fällt das Laufen schwer, *den Mittelfinger zeigen*
sie geht langsam heut' daher.

Die vierte hüpft auf einem Bein, *den Ringfinger zeigen*
das kann sie jetzt schon ganz allein.

Die fünfte, ja, die bleibt zu Haus', *den kleinen Finger zeigen*
darum ist das Spiel jetzt aus.

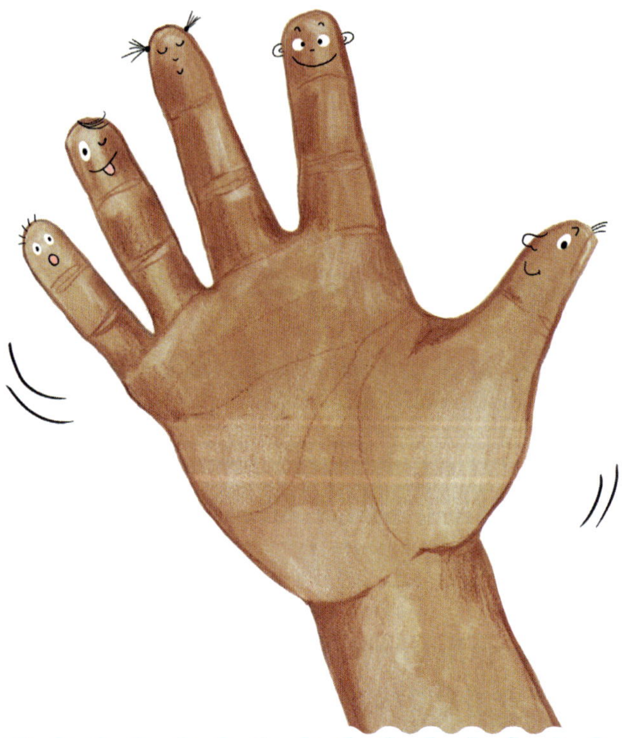

# Wipp und wapp

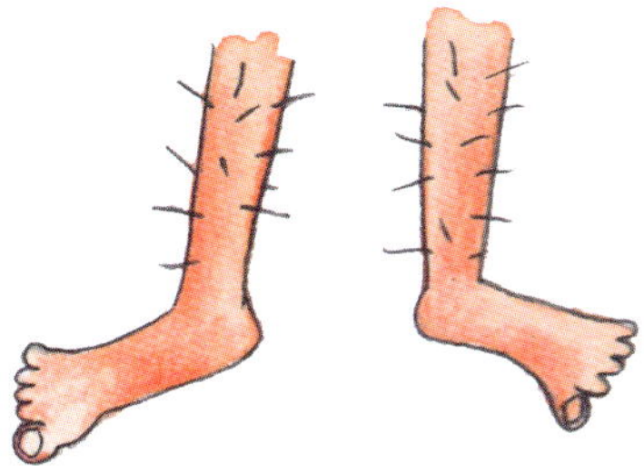

**Hinweis:** Bei jüngeren Kindern wird der Fuß von der Erzieherin bewegt.

| | |
|---|---|
| Wipp und wapp, wipp und wapp,<br>der Fuß, er wippt nun auf und ab. | *einen Fuß auf und ab bewegen* |
| Wipp und wapp, wipp und wapp,<br>der Fuß, er wippt nun auf und ab. | *den anderen Fuß auf und ab bewegen* |
| Wipp und wapp, wipp und wapp,<br>zwei Füße wippen auf und ab. | *beide Füße auf und ab bewegen* |
| Wipp und wapp, wipp und wapp,<br>doch jetzt sind beide ganz schön schlapp.<br>Sie liegen still und wollen ruh'n,<br>sie wollen heute nichts mehr tun. | *Füße stillstehen lassen* |

## Varianten

… die Hand, die wippt jetzt auf und ab …

Das Kind sitzt auf dem Fuß des Erwachsenen und wird an den Händen gehalten.
Folgender Text wird gesprochen:
… Wipp und wapp, wipp und wapp,
die Klara (Name des Kindes einfügen) wippt nun auf und ab.

# Ich stampfe mit den Füßen

**Hinweis:** Das Spiel kann mit den Fäusten auf dem Tisch gespielt werden.

| | |
|---|---|
| Ich stampfe mit den Füßen, | *den Text langsam sprechen, langsame Bewegungen* |
| ich laufe auf der Stell',<br>ich klettre wie ein Affe,<br>ganz langsam und nicht schnell. | |
| Ich stampfe mit den Füßen, | *den Text schneller sprechen, schnellere Bewegungen* |
| ich laufe auf der Stell',<br>ich klettre wie ein Affe,<br>das mach' ich jetzt ganz schnell. | |
| Nun bin ich ganz schön müde, | *gähnen* |
| stampf' langsam und nicht schnell, | *langsam stampfen* |
| ich gehe nun nach Hause, | |
| weil ich jetzt ruhen will. | *sich auf den Boden legen* |

# Ich bin ein kleiner Klatschemann

(Melodie: „Ich bin ein kleiner Hampelmann", Text: Ingrid Biermann)

2. Ich bin ein kleiner Trampelmann,
fang' nun ganz laut zu trampeln an,
mal hier, bum, bum, — *auf der Stelle trampeln*
mal da, bum, bum, — *etwas seitlich drehen und trampeln*
mal hier, bum, bum, — *wieder etwas drehen und trampeln*
mal da, bum, bum, — *wieder etwas drehen und trampeln*
und plötzlich fall' ich um. — *langsam auf den Boden fallen lassen*

**Weitere Strophen:**

Ich bin ein kleiner Hüpfemann ... Ich bin ein kleiner Krabbelmann ...
Der Text wird jeweils ein wenig angepasst.

# Zeigt her eure Füße

**Hinweis:** Den Text langsam singen, damit die Kinder alle Bewegungen mitmachen können.

(Melodie: „Zeigt her eure Füße", Text: Ingrid Biermann)

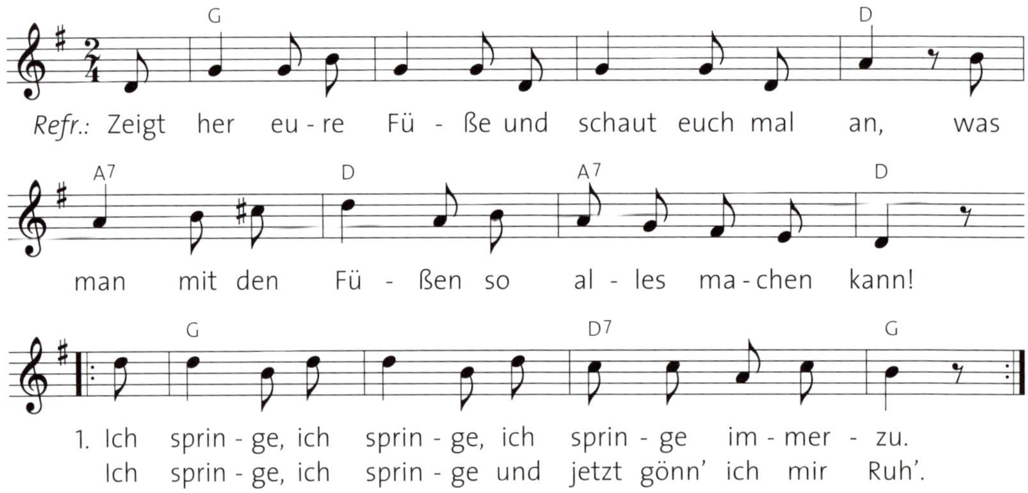


| | |
|---|---|
| 2. Ich laufe, ich laufe, ich laufe immerzu. | *laufen* |
| Ich laufe, ich laufe und jetzt gönn' ich mir Ruh'. | *in die Hocke gehen* |
| 3. Ich wippe, ich wippe, ich wippe immerzu. | *auf dem Fuß vor- und zurückwippen* |
| Ich wippe, ich wippe und jetzt gönn' ich mir Ruh'. | *in die Hocke gehen* |
| 4. Ich drehe, ich drehe, ich drehe immerzu. | *sich auf den Boden setzen und beide Füße in der Luft drehen* |
| Ich drehe, ich drehe und jetzt gönn' ich mir Ruh'. | *in die Hocke gehen* |
| 5. Ich stampfe, ich stampfe, ich stampfe immerzu. | *stampfen* |
| Ich stampfe, ich stampfe und jetzt gönn' ich mir Ruh'. | *in die Hocke gehen* |

# Ene, mene, Mücke

| | |
|---|---|
| Ene, mene, Mücke,<br>ich lauf' über 'ne Brücke. | *mit den Händen auf die Oberschenkel schlagen* |
| Ene, mene, Stein,<br>das kann ich ganz allein | *weiter schlagen* |
| Ene, mene, Moos,<br>denn ich bin schon ganz groß. | *weiter schlagen* |
| Ene, mene, Maus,<br>jetzt ruhe ich mich aus. | *die Hände ruhig auf die Oberschenkel legen* |

## Variante

Der Text wird langsam und auch schnell gesprochen. Dementsprechend sind die Schlagbewegungen.

# Ich klatsche in die Hände

**Spielanleitung:** Die Bewegungen werden entsprechend dem Text durchgeführt. Die ersten beiden Strophen können beliebig oft wiederholt werden, die letzte Strophe beendet das Spiel.

Ich klatsche in die Hände,
ich wackle mit dem Bauch,
ich stampfe mit den Füßen,
mein Kopf, der wackelt auch.

Ich tippe mit dem Finger meine Nase an.
Ich hüpfe nun im Kreise und fang' noch einmal an.

Doch jetzt, da mach' ich Pause und leg' mich einfach hin, weil ich vom vielen Zappeln jetzt sehr müde bin.

## Variante

Der Vers wird laut und leise, hoch und tief, schnell und langsam gesprochen und gespielt.

# Ich kann mit meinen Füßen gehen

| | |
|---|---|
| Ich kann mit meinen Füßen gehen, | *gehen* |
| ich kann auf ihnen ganz still stehen, | *stehen bleiben* |
| ich kann auch mit ihnen laufen, | *schnell laufen* |
| vorwärts, rückwärts, muss nicht schnaufen. | *vorwärts- und rückwärtslaufen* |
| Mach' mit ihnen Riesenschritte | *große Schritte machen* |
| und lauf' trippelnd in die Mitte. | *Trippelschritte machen* |
| Ich lauf' nun ganz schnell nach Haus, | *schnell laufen* |
| ruh' mich dort vom Laufen aus. | *in die Hocke gehen* |

## Varianten

Auf den Zehen gehen, auf allen vieren gehen, auf der Ferse gehen, auf den Außenkanten gehen.
Dabei den Text leicht abändern.

Spielend durch den Tag

# Das Licht begrüßt den neuen Tag

| | |
|---|---|
| Das Licht begrüßt den neuen Tag,<br>was er uns heut' wohl bringen mag? | *mit den Händen eine Kreisbewegung machen* |
| Ich reck' mich, streck' mich, stehe auf<br>und schon beginnt der Tageslauf. | *sich recken, strecken und aufstehen* |
| Munter spring' ich hin und her,<br>wach zu werden, ist nicht schwer. | *munter springen* |
| Ich steh' auch mal auf einem Bein,<br>das kann ich schon ganz allein. | *auf einem Bein stehen* |
| Fass meinen Nachbarn an<br>und dann fang ich mit ihm zu springen an. | *ein Kind anfassen und gemeinsam springen* |
| Nun bin ich wach, bin frisch und froh,<br>den neuen Tag, den mag ich so. | *sich den ganzen Körper wach klopfen* |

# Früh morgens weck' ich meine Finger

| | |
|---|---|
| Früh morgens weck' ich meine Finger,<br>diese ach so flinken Dinger. | *mit den Fingern zappeln* |
| 10 Finger, die sind frisch und munter,<br>laufen an mir rauf und runter, | <br>*mit den Fingern am Körper rauf- und runterlaufen* |
| klopfen hier und klopfen da,<br>wecken mich ganz wunderbar. | *auf verschiedene Körperteile klopfen* |
| Wecken Kopf und Bauch und Zehen,<br>kann fröhlich in den Tag nun gehen. | *auf die genannten Körperteile klopfen*<br>*mit frohem Gesicht auf die Oberschenkel schlagen* |

# Schau die zappeligen Dinger

Schau die zappeligen Dinger,
das sind meine Finger.

*die Finger bewegen*

Sie kribbeln und krabbeln,
mal hier und mal dort.

*mit den Fingern auf dem Körper herumkrabbeln*

Sie kribbeln und krabbeln
an manch neuem Ort.

*zu einer anderen Körperstelle krabbeln*

Sie kribbeln und krabbeln,
mal langsam mal schnell.

*langsam und schnell auf einer Körperstelle krabbeln*

Sie kribbeln und krabbeln
auch mal auf der Stell'.

*auf einer Körperstelle krabbeln*

Sie machen mich (dich) wach,
streicheln hier und auch dort,

*sich selbst streicheln*

ja, jetzt bin ich munter und laufe schnell fort.

*mit den Händen auf die Oberschenkel schlagen*

# Hallo, hallo, wie ist das schön

**Spielanleitung:** Die Erzieherin lädt die Kinder ein, sie spricht und zeigt, und die Kinder machen alles nach.

Hallo, hallo, wie ist das schön, *sich zuwinken*
dich heute Morgen hier zu seh'n.

Begrüß' die Nase, Ohren, Mund, *mit dem Zeigefinger die genannten Teile berühren*

auch den Bauch, Herrn Kugelrund, *mit dem Zeigefinger den Bauch begrüßen*

begrüß' die Arme, Hand und Finger, *die genannten Teile durch Berührung wecken*
diese sind schon muntre Dinger.

Begrüß' die Beine, Füße, Zehen, *die genannten Teile wecken*
so, nun kann ich (kannst du) schnell aufstehen.

Das Frühstück wartet schon auf mich (dich),
auf frische Brötchen (auf frisches Brot da)
freu' ich mich. *über den Bauch streichen*

# Kommt jetzt schnell herbei

**Spielanleitung:** Die Fachkraft steht am Essenstisch und sagt den Vers.

| | |
|---|---|
| Kommt schnell herbei,<br>kommt schnell herbei,<br>hier gibt es heut' so allerlei. | *die Kinder zu sich winken* |
| Gesunde Sachen liegen frisch,<br>hier auf dem gedeckten Tisch. | *auf den Tisch zeigen* |
| Kommt schnell herbei,<br>kommt schnell herbei,<br>hier gibt es heut' so allerlei. | *die Kinder zu sich winken* |

# Guten Appetit

Wir sitzen beisammen,
der Tisch ist gedeckt.
Wir wünschen einander,
dass es uns schmeckt!

Wir reichen uns die Hände
nach guter alter Sitt'
und wünschen uns zum Essen
einen guten Appetit!

# Mein Bauch ist leer

| | |
|---|---|
| Mein Bauch ist leer, | *mit der Hand über den Bauch kreisen* |
| mein Bauch ist leer, | |
| gutes Essen muss nun her. | |
| Ich setz' mich an den Tisch, | *auf den Tisch zeigen* |
| hier gibt es alles ganz, ganz frisch. | *in die Hände klatschen* |

## Variante

Zum Abschluss nach dem Essen:

| | |
|---|---|
| Mein Bauch ist voll, | *mit der Hand über den Bauch kreisen* |
| mein Bauch ist voll, | |
| das ist toll. | |

# Mach nun deine Augen zu

**Spielanleitung:** Die Fachkraft geht von Bett zu Bett und führt bei jedem Kind die Bewegungen durch.

Mach nun deine Augen zu, — *sanft über die Augen streichen*
dein ganzer Körper, der braucht Ruh',

Beine, Füße und die Finger, — *sanft die Körperteile berühren*
diese ach so muntren Dinger,
wollen alle etwas ruh'n,
wollen alle nichts mehr tun.

Wollen still im Bettchen liegen,
wollen sich ins Kissen schmiegen.
Mach nun deine Augen zu, — *sanft über die Augen streichen*
dein ganzer Körper, der braucht Ruh'.

# Du bist nun müde

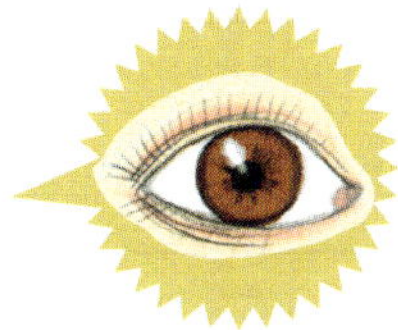

**Spielanleitung:** Die Fachkraft geht von Bett zu Bett und streicht sanft über die genannten Körperteile.

Du bist nun müde, musst ins Bett, — *gähnen*<br>
dort, da ist es warm und nett.

„Schlaf gut“, sag ich zu Arm und Beinen — *über die Körperteile streichen*<br>
und zu den Zehen, diesen kleinen. — *über die Zehen streichen*<br>
„Schlaf gut“, sag ich zu deinem Bauch, — *über den Bauch streichen*<br>
zu deinem Kopf sag ich es auch. — *über den Kopf streichen*<br>
Jetzt mach deine Augen zu, — *über die Augen streichen*<br>
denn sie brauchen ihre Ruh’.

Lieg nun ganz still und schlafe fein<br>
unter deiner Decke ein. — *das Kind zudecken*

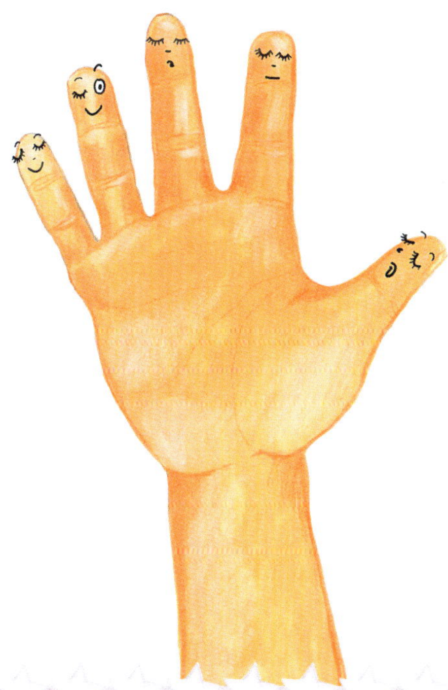

# Die Finger woll 'n gleich schlafen gehen

| | |
|---|---|
| Die Finger woll'n gleich schlafen gehen<br>und lange, lange stille stehen. | *die Hände liegen geballt auf jedem Oberschenkel* |
| Noch einmal kommen sie heraus<br>und zappeln sich so richtig aus. | *die Finger langsam strecken*<br>*Finger schnell bewegen* |
| Sie zappeln noch mal hin und her,<br>rauf und runter, kreuz und quer. | *mit den Fingern hin- und herzappeln*<br>*mit den Fingern die Bewegungen machen* |
| Sie zappeln langsam, stehen still,<br>weil jetzt jeder ruhen will. | *mit den Fingern langsamer zappeln*<br>*Finger stillhalten* |
| Sie krabbeln langsam in ihr Haus,<br>liegen ganz still und ruh'n sich aus. | *die Hände auf die Oberschenkel legen und langsam wieder ballen* |

# Auf Wiederseh'n

Auf Wiederseh'n, auf Wiederseh'n,
die (der) liebe ... will jetzt geh'n, — *dem jeweiligen Kind zuwinken*
sie (er) geht nach Haus,
der Kindergarten ist nun aus.

# Der Tag ist nun zu Ende

**Hinweis:** Die Kinder stehen oder sitzen im Kreis.

Der Tag ist nun zu Ende,
wir geben uns die Hände. — *die Kinder reichen sich die Hand*
Wir sagen laut „Auf Wiederseh'n", — *alle sagen laut „Auf Wiederseh'n"*
bevor wir dann nach Hause geh'n.

## Variante

Aus dem „laut" wird ein „leis'".

# Heute war es wunderschön

**Hinweis:** Die Kinder stehen oder sitzen im Kreis.

Heute war es wunderschön,
doch jeder von uns muss jetzt geh'n.

Wir reichen uns nun froh die Hände, *die Kinder geben sich die Hände*
alles hat einmal ein Ende.

Morgen sind wir wieder da,
vor Freude rufen wir „Hurra". *alle rufen „Hurra"*

# Der Kindergarten, der ist aus

**Hinweis:** Die Kinder stehen im Kreis und fassen sich an.

Der Kindergarten, der ist aus,
wir gehen alle froh nach Haus'.
Auf Wiederseh'n, auf Wiederseh'n, *alle winken sich zu*
der Tag mit euch war wunderschön.

# Zum Abschied klatschen wir ganz laut

Zum Abschied klatschen wir ganz laut, *alle klatschen*
mal sehen, wer sich so was traut,
wir klatschen laut *laut klatschen*
und sind nun still, *die Hände liegen auf den Oberschenkeln*
weil ich dir etwas schenken will. *pantomimisch einen Handkuss in den Kreis pusten*

Zum Abschied stampfen wir ganz laut, *alle stampfen*
mal sehen, wer sich so was traut,
wir stampfen laut *laut stampfen*
und stehen still, *Füße stillhalten*
weil ich dir etwas schenken will. *pantomimisch einen Handkuss in den Kreis pusten*

## Variante

Eine andere Körperberührung wird verschenkt, z. B. patschen oder streicheln.

# Ach o weh, der Kopf, der tut so weh

(Melodie: „A, a, a, der Winter ist da“, Text: Ingrid Biermann)

**Hinweis:** Diese Strophe wird mehrmals gesungen. Hat das Kind sich beruhigt und die Streicheleinheit kann beendet werden, dann wird die zweite Strophe gesungen.

2. Ach o weh, der Kopf tut nicht mehr weh, *den Schmerz wegpusten*
   ja, der Schmerz, er ist nun fort,
   er ist an einem andren Ort.
   Ach o weh, der Kopf tut nicht mehr weh.

**Weitere Strophen**

... mein Bauch
... mein Fuß
... mein Knie
... mein Arm
... mein Po

# Ich helfe dir, so gut ich kann

Ich helfe dir, so gut ich kann,
und fange jetzt was Schönes an.
Streicheln, ja, das macht gesund,
ich streichle dich nun jede Stund'.
Bald geht es dir wieder gut,
fühl einmal, wie gut das tut.
In ein paar Tagen, du wirst sehen,
werden wir spazieren gehen.

*dem Kind über den Körper / die schmerzende Stelle streichen*

**Hinweis:** Der Vers kann so lange wiederholt werden, bis sich das Kind beruhigt hat.

# Schau, was ich so alles kann

Schau, was ich so alles kann,
ich fange nun zu streicheln an.

*dem Kind über den Körper / die schmerzende Stelle streichen*

Ich streichle dich und du wirst sehen,
gleich wird es dir schon besser gehen.
Du wirst gesund, kannst wieder lachen
und viele schöne Dinge machen.
Ich streichle dich nun jeden Tag,
ich streichle dich, weil ich dich mag.

**Hinweis:** Der Vers kann so lange wiederholt werden, bis sich das Kind beruhigt hat.

# Jahreszeiten-Fingerspiele

# Im warmen Frühlingssonnenschein

| | |
|---|---|
| Im warmen Frühlingssonnenschein | *mit den Händen eine Sonne zeigen* |
| krabbelt ein Käfer ganz allein. | *mit den Fingern Krabbelbewegungen machen* |
| | |
| Er krabbelt hin und krabbelt her, | *mit den Fingern hin- und herkrabbeln* |
| im Frühlingsgras gefällt's ihm sehr. | |
| Er krabbelt langsam und mal schnell, | *langsam und schnell krabbeln* |
| bleibt auch mal stehen auf der Stell'. | *mit den Fingern stehen bleiben* |
| | |
| Er krabbelt froh und munter | *mit den Fingern hoch- und runterkrabbeln* |
| den Grashalm rauf und runter. | |
| | |
| Der Wind, er nimmt den Käfer fort, | *pusten* |
| der fliegt an einen andren Ort. | *Flugbewegungen machen* |

# Auf der Wiese sitzt ein Hase

| | |
|---|---|
| Auf der Wiese sitzt ein Hase,<br>reibt sich seine kleine Nase. | *die Hände an den Kopf halten*<br>*sich die Nase reiben* |
| Hat tief geschlafen manche Nacht,<br>wie das ein Hase gerne macht. | *den Kopf auf die Hände legen* |
| Die Frühlingssonne wärmt sein Fell,<br>der Hase spürt die Sonne schnell. | *mit den Händen über die Arme streichen* |
| Er freut sich auf die warme Zeit<br>und hüpft jetzt schnell und ganz, ganz weit<br>in die Frühlingswelt hinaus<br>und kommt am Abend erst nach Haus'. | <br>*mit den Händen auf die Oberschenkel*<br>*schlagen* |
| Er ist müd' und schläft schnell ein<br>und träumt vom Frühlingssonnenschein. | *den Kopf auf die Hände legen* |

# Der kleine Wurm

**Material:** für jedes Kind einen Wollfaden
**Hinweis:** Der Wollfaden symbolisiert den Wurm. Dieser wird in der geballten Hand so versteckt, dass ein Ende aus einer kleinen Öffnung zwischen Zeigefinger und Daumen herausgezogen werden kann.

| | |
|---|---|
| Die Frühlingswiese hat heut' Nacht | |
| mir und dir was mitgebracht. | *auf sich und auf ein anderes Kind zeigen* |
| | |
| Schau, aus der Erde schiebt sich sacht | *aus der Hand einen Faden ziehen* |
| ein Regenwurm, was er wohl macht? | *den Faden hochhalten* |
| | |
| Langsam kriecht er nun voran, | *langsam den Faden über den Körper ziehen* |
| weil er nicht schneller kriechen kann. | |
| Er kriecht durch das weiche Gras, | *Faden weiter ziehen* |
| das macht ihm heute sehr viel Spaß. | |
| | |
| Nun kriecht er langsam geradeaus, | *Faden weiter ziehen* |
| er kennt sich auf der Wiese aus. | |
| | |
| Kriecht in die Hand | *den Faden wieder in der Handfläche legen* |
| und liegt ganz still, | *den Faden ruhig liegen lassen* |
| weil er jetzt lange ruhen will. | |
| | |
| Der Wurm macht seine Augen zu | |
| und gönnt sich lange Zeit nun Ruh'. | *Hand zur Faust machen* |

# Ich beuge mich bis zu den Füßen

Ich beuge mich bis zu den Füßen, — *sich tief beugen*
um den Frühling zu begrüßen.

Ich beuge mich bis zu den Füßen, — *sich tief beugen*
um die Sonne zu begrüßen.

Ich beuge mich bis zu den Füßen, — *sich tief beugen*
um die Tiere zu begrüßen.

Ich beuge mich und fange dann — *sich tief beugen*
vor Freude nun zu klatschen an. — *klatschen*

# Der Frühling, der steht vor der Tür

Der Frühling, der steht vor der Tür,
er klopft an und will zu mir. — *auf den Tisch oder Stuhl klopfen und auf sich selbst zeigen*

Er bringt Blumen bunt und schön,
die sich im Frühlingswind leicht dreh'n. — *die Hände hin- und herdrehen*

Er bringt die Vögel auch zurück — *Arme ausbreiten und auf- und abbewegen*
– welch ein Glück.

Der Frühling, der steht vor der Tür,
er klopft an und will zu dir. — *auf einen Tisch oder Stuhl klopfen und auf ein Kind zeigen*

# Ach, was ist das für 'ne Hitze

| | |
|---|---|
| Ach, was ist das für 'ne Hitze, | |
| wie ich heute wieder schwitze! | *Hand über die Stirn ziehen* |
| | |
| Heiß sind Arme, Beine, Bauch, | *Hand auf die jeweiligen Körperteile legen* |
| ganz heiß, so ist mein Rücken auch. | *Hand auf den Rücken legen* |
| | |
| Ganz, ganz heiß ist mein Gesicht, | *Hände auf die Wangen legen* |
| nein, spielen kann ich heute nicht! | |
| | |
| Ich geh' ins Haus und ruh' mich aus, | *den Kopf auf die Hände legen* |
| erst morgen komm ich wieder raus. | |

# Sonne, Sonne, komm heraus

| | |
|---|---|
| Sonne, Sonne, komm heraus, | *Winkbewegungen mit den Händen machen* |
| komm aus deinem Wolkenhaus, | |
| wärme mich von Kopf bis Fuß, | *auf den Kopf und auf die Füße zeigen* |
| als Dank schenk' ich dir einen Kuss. | *einen Handkuss wegblasen* |

# Vom Himmel fallen Sonnenstrahlen

| | |
|---|---|
| Vom Himmel fallen Sonnenstrahlen,<br>die auf meinen Körper malen. | *mit den Fingern zappeln* |
| Sie malen wunderschöne Kreise,<br>sie malen langsam und ganz leise. | *mit dem Zeigefinger Kreise auf den Bauch malen* |
| Überall können die Strahlen<br>wunderschöne Kreise malen. | *auf dem ganzen Körper Kreise malen* |
| Die Sonnenstrahlen zieh'n nach Haus<br>und ruhen sich dort lange aus. | *die Finger langsam vom Körper ziehen und auf den Rücken legen* |

## Variante

Die Kreise werden ersetzt durch Striche oder Punkte.

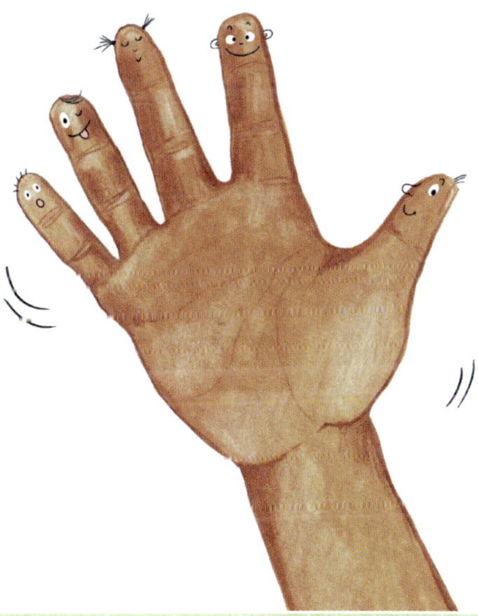

# Es ist Sommer, es ist heiß

| | |
|---|---|
| Es ist Sommer, es ist heiß, | |
| von meinem Körper läuft der Schweiß. | *mit einer Hand über die Stirn fahren* |
| | |
| Plötzlich ziehen dick und schwer | *mit den Händen eine große Wolke zeigen* |
| große Wolken leis' daher. | |
| Regentropfen, welch Gewimmel, | *mit den Fingern auf- und abzappeln* |
| fallen leis' vom Sommerhimmel. | |
| | |
| Nass sind Haare, Beine, Bauch, | *die genannten Dinge zeigen* |
| nass sind meine Schuhe auch. | |
| Der Regen macht heut' keine Pause, | *schnelle Bewegungen mit den Fingern von oben nach unten machen* |
| ich bin nass, ich geh' nach Hause. | *mit den Händen auf die Oberschenkel schlagen* |

# Das Gewitter

**Hinweis:** Alle Bewegungen werden auf einem Tisch gemacht.

Heute morgen um halb acht
da bin ich plötzlich aufgewacht.

| | |
|---|---|
| Lautes Donnern und auch Krachen | *mit den Fäusten auf den Tisch pochen und mit den Handflächen auf den Tisch schlagen* |
| ließen mich ganz früh erwachen. | |
| Es knallte hier und knallte dort, | *mit den Handflächen auf den Tisch schlagen* |
| es donnerte in einem fort. | *mit den Fäusten auf den Tisch schlagen* |
| Ich hörte tausend Regentropfen<br>ganz laut an mein Fenster klopfen. | *mit den Fingerspitzen auf den Tisch klopfen* |
| Regen, Donner, lautes Krachen | *mit den Fingerspitzen auf den Tisch klopfen, mit den Fäusten pochen, mit den Handflächen schlagen* |
| wollten mich ganz ängstlich machen. | |
| Doch ich deckte mich schnell zu | *pantomimisch die Decke von unten bis zum Kopf hochziehen* |
| und legte mich noch mal zur Ruh'! | *Kopf auf die zusammengelegten Hände legen und Augen schließen* |

# Langsam, leise und ganz munter

Langsam, leise und ganz munter

*während der Strophe die Hände und Finger langsam von oben bis auf den Boden bewegen*

purzeln von dem Baum herunter
bunte Blätter auf das Gras,
das zu sehen, macht viel Spaß.

Schneller, leise und ganz munter

*während der Strophe etwas schneller die Bewegungen durchführen*

purzeln von dem Baum herunter
bunte Blätter auf das Gras,
das zu sehen, macht viel Spaß.

Langsam, leise und ganz munter

*während der Strophe die Bewegungen wieder langsamer machen*

purzeln sie vom Baum herunter,
liegen still, für heut' ist Schluss,

*die Hände auf die Oberschenkel legen*

weil jedes Blatt nun ruhen muss.

# Mein Drachen, der fliegt ganz alleine

| | |
|---|---|
| Mein Drachen, der fliegt hin und her, | *die Hände überm Kopf leicht hin- und herbewegen* |
| an der langen Leine,<br>er fliegt in den Sonnenschein,<br>ganz hoch und ganz alleine. | |
| Der Wind, er zieht ihn hin und her, | *die Hände überm Kopf schneller hin- und herbewegen* |
| ich halte fest die Leine, | |
| der Drachen fliegt so hoch er kann, | *die Hände ganz hochhalten und sich auf die Zehenspitzen stellen* |
| immer noch alleine. | |
| Doch plötzlich ist der Wind ganz stark, | *die Hände überm Kopf schnell hin- und herbewegen* |
| es knackt die lange Leine, | *in die Hände klatschen* |
| der Drachen fliegt ins weite Land,<br>weit fort und ganz alleine. | *die Hand vor die Stirn halten und schauen* |

# Schau, viele Vögel sind am Himmel

| | |
|---|---|
| Schau, viele Vögel sind am Himmel, | *den Blick nach oben richten* |
| welch ein herrliches Gewimmel. | |
| | |
| Sie fliegen hin und fliegen her, | *die Hände und Finger hin- und herbewegen* |
| plötzlich sieht man sie nicht mehr. | *die Hände auf den Rücken legen* |
| | |
| Der Herbstwind pustet, es wird kalt, | *pusten* |
| die Vögel sitzen in dem Wald. | *Hände noch auf dem Rücken lassen* |
| | |
| Sie suchen einen warmen Ort | *die Hände und Finger hin- und herbewegen* |
| und fliegen nun für lange fort. | *die Hände auf den Rücken legen* |

# Der Herbstwind pustet

| Der Herbstwind pustet, es wird kalt, | *pusten* |
|---|---|
| die Käfer krabbeln in den Wald. | *mit den Fingern krabbeln* |
| Sie krabbeln schnell und ganz geschwind, | *schnelle Krabbelbewegungen machen* |
| sie suchen Schutz hier vor dem Wind. | *die Hände auf den Rücken legen* |
| | |
| Der Herbstwind pustet, es wird kalt, | *pusten* |
| die Hasen hüpfen in den Wald. | *auf die Oberschenkel schlagen* |
| Sie hüpfen schnell und ganz geschwind, | *schneller schlagen* |
| sie suchen Schutz hier vor dem Wind. | *die Hände auf den Rücken legen* |
| | |
| Der Herbstwind pustet, es wird kalt, | *pusten* |
| die Vögel fliegen in den Wald. | *Flugbewegungen machen* |
| Sie fliegen schnell und ganz geschwind, | *die Arme schneller bewegen* |
| sie suchen Schutz hier vor dem Wind. | *die Hände auf den Rücken legen* |
| | |
| Der Herbstwind pustet, es wird kalt, | *pusten* |
| ich laufe ganz schnell in den Wald. | *auf die Oberschenkel schlagen* |
| Ich laufe schnell und ganz geschwind, | *schneller schlagen* |
| ich suche Schutz hier vor dem Wind. | *schnell die Hände auf den Rücken legen* |

# Hurra, hurra, es schneit, es schneit

| | |
|---|---|
| Hurra, hurra, es schneit, es schneit, | *mit den Fingern zappeln* |
| Schneeflocken seh' ich weit und breit. | |
| Sie fallen langsam und ganz leise, | *mit den Fingern zappeln* |
| machen eine weite Reise. | |
| | |
| Sie fallen auf den Kopf ganz munter, | *mit den Fingern auf den Kopf klopfen* |
| kullern langsam nun herunter. | *mit den Fingerspitzen den Körper hinunterlaufen* |
| | |
| Ruh'n sich auf dem Bauch nun aus, | *die Hände auf den Bauch legen* |
| ja, ihre Reise ist jetzt aus. | |

## Varianten

Der Text kann mehrmals wiederholt werden. Der Schnee legt sich immer auf einen anderen Körperteil, welcher dann auch benannt wird.

# Weicher Schnee, er fällt vom Himmel

**Hinweis:** Die Strophen können beliebig wiederholt werden. Der Schnee deckt dann immer einen anderen Körperteil zu, z. B. Kopf, Bein, Arm usw.

| | |
|---|---|
| Weicher Schnee, er fällt vom Himmel, | *mit den Fingern zappeln* |
| das ist ein herrliches Gewimmel. | |
| Schnee deckt sanft die Erde zu, | |
| schenkt der Welt nun ihre Ruh'. | *Hände auf die Oberschenkel legen* |
| Er fällt auf mich (dich) und hüllt mich (dich) ein, | *die Hände auf einen Körperteil, z.B. den Bauch legen* |
| zugedeckt soll(st) ich (du) nun sein. | |

## Varianten

Die Fachkraft legt kleine Kissen auf das Kind, sodass es zum Schluss mit kleinen Kissen zugedeckt ist.

# Große Wolken, dick und schwer

| | |
|---|---|
| Große Wolken, dick und schwer,<br>ziehen am kalten Himmel daher. | *die Hände zu einer dicken Wolke zusammenlegen* |
| Plötzlich fällt zur Erde nieder,<br>langsam, aber immer wieder,<br>weicher Schnee und deckt dann zu | *mit den Fingern zappeln* |
| das grüne Gras, denn es braucht Ruh'. | *die Hände auf die Oberschenkel legen* |
| Große Wolken, dick und schwer,<br>ziehen am kalten Himmel daher. | *die Hände zu einer dicken Wolke zusammenlegen* |
| Plötzlich fällt zur Erde nieder,<br>langsam, aber immer wieder,<br>weicher Schnee und deckt dann zu, | *mit den Fingern zappeln* |
| den großen Baum, denn er braucht Ruh'. | *die Hände auf die Oberschenkel legen* |

## Variante

Die Kinder können weitere Dinge nennen, die vom Schnee zugedeckt werden.

# Ein Mann aus Schnee und Eis

| | |
|---|---|
| Ein Mann aus Schnee und Eis | |
| hat Arme puderweiß, | *über die Arme streichen* |
| hat eine Nase, einen Bauch, | *Nase und Bauch berühren* |
| zwei große Ohren hat er auch, | *auf die Ohren zeigen* |
| hat einen schönen Mund | *den Mund berühren* |
| und Augen kugelrund, | *auf die Augen zeigen* |
| trägt auf dem Kopf 'nen großen Hut, | *auf dem Kopf einen Hut andeuten* |
| der steht ihm besonders gut. | |
| So schaut er in das Land, | *den Kopf hin- und herdrehen* |
| Schneemann wird er genannt. | |

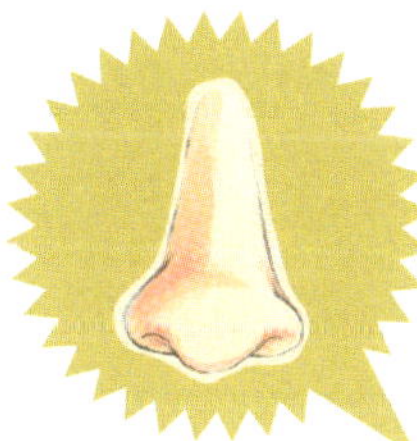

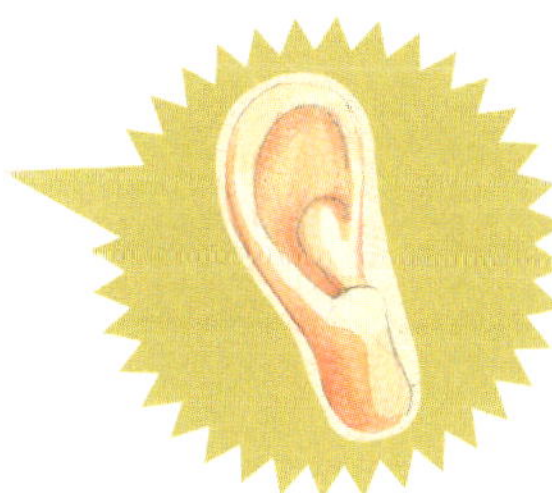

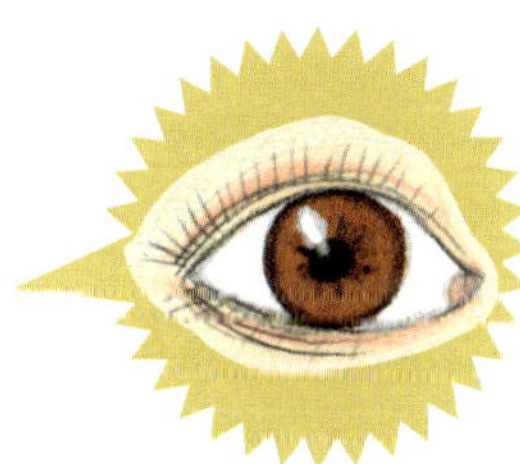

# Tierische Fingerspiele

# Hinter einer alten Mauer

Hinter einer alten Mauer
sitzen fünf Tiere auf der Lauer.
*die Hände nebeneinanderlegen und hochhalten*

Zuerst kommt Wau, der große Hund,
der ist dick und kugelrund.
*den Daumen anfassen*

Dann kommt Miez, die schlanke Katze,
sie leckt sich ihre weiche Tatze.
*den Zeigefinger anfassen*

Jetzt kommt Gack, das faule Huhn,
das will heute nichts mehr tun.
*den Mittelfinger anfassen*

Nun kommt Mäh, das weiße Schaf,
das ist zahm und immer brav.
*den Ringfinger anfassen*

Zum Schluss traut Piep, die kleine Maus,
sich auch aus dem Versteck heraus.
*den kleinen Finger anfassen*

Doch kommt am Abend dann der Bauer,
sind sie wieder hinter der Mauer.
*die Hände nebeneinanderlegen und hochhalten*

# Ein Käfer

Ein Käfer krabbelt, schau dir an,
was er so alles machen kann.
*die Finger einer Hand bewegen*

Er krabbelt schnell auf einen Baum,
ganz, ganz hoch, du siehst ihn kaum.
*über den Körper auf den Kopf krabbeln*

Dort sitzt er still auf einem Blatt
und frisst sich dort so richtig satt.
*die Finger auf dem Kopf leicht bewegen*

Sein Bauch ist voll, er krabbelt munter
ganz schnell von dem Baum herunter.
*vom Kopf hinunter- und in die Handinnenfläche der anderen Hand krabbeln*

Legt sich ins Gras und macht sich
klein, schläft dort zufrieden sofort ein.
*die Krabbelhand ruhig in die Handfläche legen*

# Komm mit, ich zeige dir mal was

| | |
|---|---|
| Komm mit, ich zeige dir mal was,<br>was du gleich siehst, macht viel Spaß: | *eine auffordernde Geste mit den Armen machen* |
| Ein kleines Loch hab' ich entdeckt,<br>darin hat sich etwas versteckt. | *mit den Fingern einer Hand ein Loch formen* |
| Komm her, hier gibt's was zu entdecken,<br>was wird sich dort denn wohl verstecken? | *eine auffordernde Geste machen und in das Loch schauen* |
| In einem Nest liegen sehr kleine,<br>junge Mäuse ganz alleine. | *mit der linken Hand eine Schale machen*<br>*die Finger der anderen Hand in die Schale legen* |
| Sie liegen alle dicht an dicht,<br>frieren können sie so nicht. | *die Finger ruhig in der Schale liegen lassen* |
| Sie liegen still, doch plötzlich dann<br>fangen sie zu zappeln an. | <br>*mit den Fingern in der Hand zappeln* |
| Sie kribbeln, krabbeln auf der Stell', | *mit den Fingern etwas stärker in der Hand zappeln* |
| auf einmal sind sie fort ganz schnell. | *die Finger auf den Rücken legen* |
| Das Nest ist leer, kann nichts mehr seh'n,<br>drum werd' ich jetzt nach Hause geh'n. | *mit der einen Hand eine Schale machen*<br>*mit den Handflächen auf den Oberschenkeln gehen* |

# In einem Nest aus weichem Stroh

| | |
|---|---|
| In einem Nest aus weichem Stroh | *mit der Hand eine Schale bilden* |
| sitzt ein winzig kleiner Floh. | *die Spitze des Zeigefingers dort hineinlegen* |
| | |
| Er hüpft leise und ganz still, | *mit dem Finger durch die Luft hüpfen* |
| weil er jemanden beißen will. | |
| | |
| Er trifft den Hund, | |
| beißt ihn und dann | *sanft sich selbst (oder das Kind) irgendwo mit dem Finger antippen* |
| fängt dieser laut zu bellen an. | *laut bellen* |
| | |
| Er trifft dich, beißt dich und dann | *sanft das Kind auf die Nase tippen* |
| fängst du ganz wild zu zappeln an. | *mit dem ganzen Körper zappeln* |
| | |
| Der Floh springt fort, kommt nicht zurück, | *mit dem Finger schnell auf den Rücken hüpfen* |
| ja, das ist ein großes Glück. | |
| | |
| Das Nest bleibt jetzt für immer leer, | |
| der Floh, er kommt nie mehr hierher. | |

## Variante

Es können weitere Strophen gesprochen und gespielt werden, in denen immer andere Tiere vom Floh gebissen werden, z. B. die Katze, die Maus, der Bär, der Löwe. Es werden immer die entsprechenden Geräusche gemacht.

# Mausi, diese Krabbelmaus

Mausi, diese Krabbelmaus,
kommt aus ihrem Loch heraus.

*mit Zeigefinger und Daumen einen Kreis bilden, den anderen Zeigefinger durch das Loch schieben*

Kommt zu mir (dir) ganz schnell – und dann
fängt sie flink zu krabbeln an.

*mit den Fingern Krabbelbewegungen machen*

Sie krabbelt schnell den Arm hinauf,
setzt sich auf den Kopf nun drauf.

*einen Arm hochkrabbeln*
*mit den Fingern auf den Kopf krabbeln*

Krabbelt dann auch auf den Bauch,
auf den Fuß krabbelt sie auch.

*auf den Bauch krabbeln*
*auf einen Fuß krabbeln*

Springt auf den andern Fuß – und dann
fängt sie dort auch zu krabbeln an.

*auf den anderen Fuß springen*
*mit den Fingern Krabbelbewegungen machen*

Sie krabbelt immer hin und her,
das Krabbeln, ja, das mag sie sehr.

*über den ganzen Körper krabbeln*

Plötzlich kommt die große Katze,
setzt ganz leise ihre Tatze …

*langsam mit den Handflächen über den Körper gehen*

Mausi, die kriegt einen Schreck
und läuft weg.

*mit einer Hand über den Körper krabbeln*
*die Hand hinter den Rücken führen*

Die kleine Katze ist zu Haus'
und jetzt ist die Geschichte aus.

# In meiner Hand, da sind zu Haus

| | |
|---|---|
| In meiner Hand, da sind zu Haus'<br>viele Tiere, die ruhen sich aus. | *die geballte Faust zeigen* |
| Wir wollen sie gar nicht erschrecken,<br>ich werde sie behutsam wecken. | *mit der anderen Hand über die Faust streichen* |
| Zuerst, da kommt der Hoppelhas',<br>er hüpft ganz schnell ins grüne Gras. | *langsam den Daumen strecken* |
| Nun schau gut hin, es kommt die Katze,<br>die streichelt sich mit ihrer Tatze. | *langsam den Zeigefinger strecken* |
| Der Hahn, er kräht, läuft ganz schnell fort,<br>er sucht sich einen ruhigen Ort. | *langsam den Mittelfinger strecken* |
| Die Ente quakt, sie kannst du seh'n,<br>schimpfend an dem Wasser steh'n. | *langsam den Ringfinger strecken* |
| Die Maus, die kannst du auch entdecken,<br>sie will sich aber schnell verstecken. | *langsam den kleinen Finger strecken* |
| Fünf Tiere wollen Freunde sein,<br>sie lassen sich niemals allein. | *mit allen fünf Fingern zappeln* |
| Am Abend gehen sie zur Ruh'<br>und machen dann die Augen zu. | *die Hand zur Faust machen* |

# Der Storch, der wohnt an einem See

| | |
|---|---|
| Der Storch, der wohnt an einem See,<br>stolziert durchs Gras und durch den Klee. | *die Hände auf die Oberschenkel schlagen* |
| Macht seinen Schnabel auf und zu, | *beide Hände aufeinanderlegen, auf- und zumachen* |
| bleibt stehen und braucht etwas Ruh'. | *die Hände auf die Oberschenkel legen* |
| Spaziert dann weiter geradeaus, | *die Hände auf die Oberschenkel schlagen* |
| sieht Schmetterlinge fliegen, | *mit den Armen Flugbewegungen machen* |
| sieht Käfer, die im Grase liegen. | *Hände zur Faust ballen und auf die Oberschenkel legen* |
| Er geht weiter, ja, und dann, | |
| fängt er ganz laut zu klappern an. | *die Hände fest aufeinanderschlagen* |
| Der Storch, der geht nun müd' nach Haus',<br>und nun ist die Geschichte aus. | *die Hände auf die Oberschenkel schlagen* |

# Ein kleiner, dicker, brauner Bär

<table>
<tr><td>Ein kleiner, dicker, brauner Bär,<br>der stampft heute laut und schwer</td><td><br>mit den Händen auf die Oberschenkel schlagen</td></tr>
<tr><td>durch die dunkle, kalte Nacht,<br>der Hunger hat ihn wach gemacht.</td><td></td></tr>
<tr><td>Der Bär, der stampft nun ganz, ganz schnell,<br>dreht sich auch mal auf der Stell'.</td><td>mit den Händen schneller schlagen<br>mit den Händen auf den Oberschenkeln kreisen</td></tr>
<tr><td>Er stampft weiter, sucht sein Fressen,<br>die Müdigkeit hat er vergessen.</td><td>mit den Händen auf die Oberschenkel schlagen</td></tr>
<tr><td>Er findet nichts in dunkler Nacht,<br>der Bär sich auf den Heimweg macht.</td><td>mit den Händen auf die Oberschenkel schlagen</td></tr>
<tr><td>Er läuft ganz schnell zurück nach Haus',<br>ruht sich bis zum Morgen aus.</td><td>schnell auf die Oberschenkel schlagen<br>die Hände still auf die Oberschenkel legen</td></tr>
<tr><td>Er schließt die Augen, macht sich klein<br>und schläft auf der Stelle ein.</td><td></td></tr>
</table>

# Der kleine Frosch mit Namen Quak

| | |
|---|---|
| Der kleine Frosch mit Namen Quak | |
| hüpft vergnügt so durch den Tag. | *mit den Händen auf die Oberschenkel schlagen* |
| | |
| Er springt ganz schnell hin und her, | *mit den Händen auf beliebige Körperteile schlagen* |
| denn das mag der Frosch so sehr. | |
| | |
| Macht sein Maul weit auf und zu, | *mit der Hand ein Maul formen und es auf- und zumachen* |
| gönnt sich ab und zu auch Ruh'. | *die Froschhand stillhalten* |
| | |
| Er hüpft dann weiter zu den Mücken, | *mit den Händen auf die Oberschenkel schlagen* |
| sie wohnen unter großen Brücken. | |
| | |
| Dort frisst Quak die Mücken auf | *die Froschhand auf- und zumachen* |
| und hüpft dann den Berg hinauf. | *mit den Händen bis auf den Kopf hüpfen* |
| | |
| Er sieht einen großen See | |
| und springt hinein – juchhe! | *mit den Händen fest auf die Oberschenkel schlagen* |
| | |
| Hüpft dann schnell nach Haus' | *mit den Händen auf die Oberschenkel schlagen* |
| und ruht sich lange aus. | *die Hände still auf die Oberschenkel legen* |

# Klassiker

# Wie das Fähnchen auf dem Turme

Wie das Fähnchen auf dem Turme
sich kann dreh'n bei Wind und Sturme,
so soll sich mein Händchen dreh'n,
dass es eine Lust ist, anzusehen.

*die Hand hin- und herbewegen*

# Das ist der Daumen

**Hinweis:** Die Finger nacheinander zeigen / beim Kind berühren

Das ist der Daumen,
der schüttelt die Pflaumen,
der hebt sie auf,
der trägt sie nach Haus
und der kleine Schelm isst sie alle auf.

# Der ist ins Wasser gefallen

**Hinweis:** Jeder Finger wird einzeln angetippt oder angefasst. Der kleine Finger wird geschüttelt.

Der ist ins Wasser gefallen,
der hat ihn herausgezogen,
der hat ihn ins Bett gelegt,
der hat ihn zugedeckt
und der kleine Schelm hat ihn wieder aufgeweckt.

# Steigt ein Kindlein auf den Baum

**Spielanleitung:** Der linke Arm und die linken gespreizten Finger stellen den Baum dar.

| | |
|---|---|
| Steigt ein Kindlein auf den Baum,<br>hoch, so hoch, man sieht es kaum. | *die Finger der rechten Hand klettern den Arm hinauf* |
| Hüpft von Ast zu Ästchen,<br>guckt ins Vogelnestchen. | *die Finger der rechten Hand springen vom kleinen Finger bis zum Zeigefinger der linken Hand* |
| Hei, so lacht es, hei, so kracht es,<br>plumps, da liegt es unten. | *mit einem kleinen Schwung die rechte Hand auf den Oberschenkel fallen lassen* |

# In einem Häuschen

In einem Häuschen sind  
schrecklich viele Mäuschen.  
Sie trippeln und trappeln, *mit den Fingern zappeln*  
sie zippeln und zappeln  
und will man sie haschen,  
husch, sind sie weg. *die Finger auf den Rücken legen*

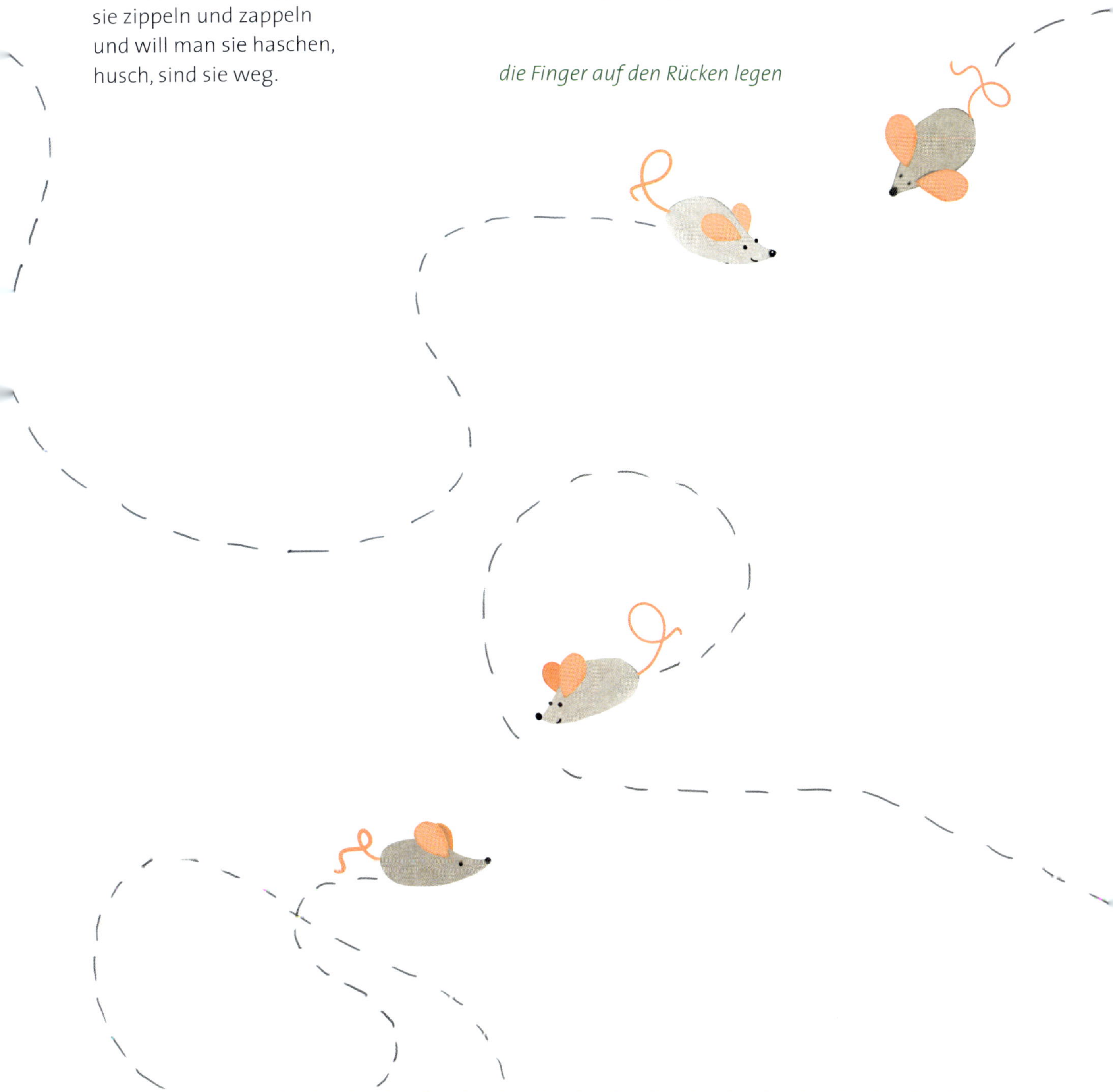

# Meine Hände sind verschwunden

**Spielanleitung:** Hier verschwinden nicht nur Hände, sondern auch Ohren, Nase, Mund, Augen usw. Das Lied kann beliebig oft gesungen werden.

| | |
|---|---|
| 2. Meine Ohren sind verschwunden, | *die Ohren mit den Händen verstecken* |
| ich habe keine Ohren mehr. | |
| Hui, da sind meine Ohren wieder! | *die Ohren zeigen* |
| Tra-la-la-la la la la. | *klatschen* |

# Fährt ein Schifflein auf dem Meer

| | |
|---|---|
| Fährt ein Schifflein auf dem Meer, | *die Hände zusammenlegen* |
| schaukelt hin und schaukelt her. | *die Hände hin- und herbewegen* |
| Kommt ein großer Sturm, | *pusten* |
| fällt das Schifflein um. | *die Hände auf die Oberschenkel fallen lassen* |

# Hampel und Strampel

Guten Morgen, ihr Füße,
wie heißt ihr denn?
Ich heiße Hampel — *den linken Fuß berühren*
und ich heiße Strampel. — *den rechten Fuß berühren*

Ich bin das Füßchen Übermut
und ich bin das Füßchen Tunichtgut.
Übermut und Tunichtgut gehen auf die Reise. — *beide Füße berühren*

Platsch, durch alle Sümpfe,
nass sind Schuh und Strümpfe.
Und guckt die Mutter um die Eck,
husch, laufen beide weg. — *mit den Füßen auf den Boden patschen*

# Zehn kleine Zappelfinger

Zehn kleine Zappelfinger
zappeln hin und her, — *mit den Fingern hin- und herzappeln*
zehn kleine Zappelfinger
finden's gar nicht schwer.

Zehn kleine Zappelfinger
zappeln auf und nieder, — *mit den Fingern hoch- und runterzappeln*
zehn kleine Zappelfinger
tun das immer wieder.

Zehn kleine Zappelfinger
zappeln rundherum, — *mit den Fingern rundherum zappeln*
zehn kleinen Zappelfingern
scheint das gar nicht dumm.

Zehn kleine Zappelfinger
spielten mal Versteck, — *mit den Fingern zappeln*
zehn kleine Zappelfinger
sind auf einmal weg. — *die Hände auf den Rücken legen*

# Das lustige Vorlesebuch für Kita-Kinder

Petra Metzger
**Lustige Vorlesegeschichten für die Kita**
64 Seiten | geheftet
ISBN 978-3-451-38795-1

In der Pause oder für Zwischendurch: Petra Metzgers Vorlesegeschichten sorgen für gute Laune in der Kita und stärken das Gemeinschaftsgefühl. Entdecken Sie mit den Kindern Frau Higs, Frau Sauerkopf, Herrn Ha-Ha-Hatschi und all die anderen liebevoll beschriebenen Figuren mit ihren Stärken, Schwächen und witzigen Eigenheiten. Wie im echten Leben trifft sich hier am Ende eine bunt-fröhliche und vielseitige Gemeinschaft.
Tauchen Sie mit den Kindern ein in eine Fantasiewelt, die beflügelt!

**In jeder Buchhandlung!**

**HERDER**

**www.herder.de**